Género Ficción

I0799632

Pregunta esencial
¿Qué hacen los animales para sobrevivir?

Los renos del Ártico

Diego Kochmann
ilustrado por Luis Filella

Capítulo 1
Una visita congelada

Aquel era un día especial para los niños de una pequeña escuela de Alaska.

La maestra, muy contenta, anunció:

—Hoy es el día de la visita al parque nacional y reserva Puertas del Ártico.

También les comentó que no se trataba de un paseo de vacaciones.

—¿Será un viaje de investigación? —preguntó Tommy con curiosidad.

La maestra le dijo que sí. Tommy se puso muy contento. Le gustaba la idea de aprender cómo es la vida de los animales en ese lugar. ¡Qué interesante!

La maestra les indicó que cada uno debía llevar un cuaderno. En él debían anotar todas las observaciones que hicieran. También les mostró una cámara fotográfica.

—Entonces, con la cámara podremos tomar fotografías de los paisajes y animales —dijo una niña.

—¿Veremos renos, osos, lobos, alces y otros animales? —preguntó Tommy.

—Sí, y en los ríos podremos ver salmones. ¡Prepárense, niños, que ya llegó el autobús! —dijo la maestra.

Los niños estaban muy contentos.

En un momento, una de las niñas que llevaba un gorro de lana hasta las orejas, dijo:

—¡Debemos cuidarnos del frío!

—Sí, nos congelaremos —añadió Tommy con la nariz tapada por una bufanda de lana.

Los niños continuaron haciendo comentarios acerca del clima. Querían disfrutar del viaje lo máximo posible, pero no querían resfriarse.

Entonces, la maestra les habló:

—Es cierto que en el parque el clima no es agradable. Pero iremos con mucho abrigo. Y les aseguro que cuando vean los bosques, las montañas y los animales, ¡se olvidarán del frío!

Durante el resto del viaje en el autobús, hicieron planes para divertirse, aprender y abrigarse bien.

Capítulo 2
¡Hermosos animales!

Durante el viaje, los niños se divirtieron cantando canciones sobre animales.

—Parece que acaba de nevar —dijo Tommy cuando llegaron.

El suelo parecía una enorme sábana blanca.

Pese al fuerte viento, los niños comenzaron a jugar con la nieve. Hundían sus pies en ella, armaban muñecos y se arrojaban bolas de nieve unos a otros. Algunos se escondían en los matorrales que estaban alrededor de una cabaña de madera. Pero igual recibían alguna bola de nieve en el rostro. ¡Era muy divertido!

Al final, la maestra tenía razón: los niños se habían olvidado del frío.

Cerca de la cabaña había un estanque. Pero estaba congelado y no se podía pasear en kayak por él. Por suerte, dentro de la cabaña había una cafetería. La maestra y los niños bebieron chocolate para calentarse.

Mientras, veían por la ventana que comenzaba a nevar. Al lado de la cafetería había un pequeño museo. Allí pudieron observar fotografías y huesos de los animales de la región. En la sala, también había un reno embalsamado. Tommy se sorprendió al verlo. ¡Parecía que estaba vivo!

Un guía del museo se acercó a ellos y les habló sobre los renos.

Los niños escuchaban atentos y hacían muchas preguntas. ¿Cuántos años viven? ¿Viven solos o en grupos? ¿Hay algunos que tienen el pelaje de otros colores? Tras responder las preguntas, el guía dijo:

—¿Quién quiere conocerlos de cerca?

Y todos contestaron al mismo tiempo:

—¡Yoooooooooo!

Capítulo 3
Adaptados al frío

Después de almorzar se dirigieron a una zona alejada del parque. El viento había amainado bastante, por lo que el frío de Alaska dejó de molestar.

Enseguida vieron unos cuantos renos que comían en el parque. Eran realmente hermosos, y la maestra les tomó varias fotografías. El guía les pidió que no se acercaran demasiado.

—Son un poco tímidos. Desde aquí podremos verlos sin molestarlos.

Los niños obedecieron y admiraron a los renos en silencio. A Tommy le llamó la atención uno pequeñito, que nunca se alejaba de su madre.

Detective del lenguaje

La palabra Alaska, ¿es un sustantivo común o propio? ¿Cómo lo sabes?

Pese a que las cornamentas de los renos se veían bastante afiladas, a Tommy no le infundían miedo.

Los renos eran animales muy tranquilos. Algunos seguían comiendo las hojas de los árboles, mientras otros buscaban hierba bajo la nieve.

—Estos deben ser los renos de Santa Claus. ¡Tal vez empiecen a volar! —dijo Tommy.

Los demás rieron. Los niños continuaron admirando la naturaleza que los rodeaba y resguardándose del frío.

Los renos parecían amigables. Los niños disfrutaban mucho mirándolos.

En un momento, un hombre se acercó a ellos. Era el guardaparque del lugar.

Detective del lenguaje	**La palabra guardaparque, ¿es un sustantivo común o propio? ¿Cómo lo sabes?**

—¿Saben por qué no tienen frío? —les preguntó el guardaparque.

Ninguno de los niños supo responder.

Entonces, el guardaparque les pidió que miraran bien.

—¡Tienen pelos muy largos y duros! —dijo Tommy.

El guía les explicó que ese pelaje les sirve para adaptarse a las temperaturas bajas.

—¡Ya nacen con su propio abrigo! —dijo una de las niñas y todos se rieron.

Capítulo 4
Una excursión maravillosa

Ya era hora de regresar. Los niños y la maestra se despidieron del guía y el guardaparque. Y prometieron que volverían el próximo año. Había sido una experiencia inolvidable para los niños. Por eso estaban tan felices y ansiosos por contarles todo a sus padres.

—Nunca había estado tan cerca de estos animales tan lindos —dijo Tommy. Mientras, a su lado, un compañero dibujaba un reno en su cuaderno.

En el salón de actos de la escuela, los estudiantes de los demás grados los estaban esperando. De pronto, uno de los niños llegó al salón corriendo desde el patio y dijo, agitado:

—Ahí vienen. Vi el autobús desde el patio.

El autobús se detuvo ante la entrada de la escuela, y los niños fueron bajando de a uno. Los demás los vieron muy entusiasmados y alegres. Por eso les pidieron que les contaran todo acerca del parque.

Entonces, a la maestra se le ocurrió:

—¡Si quieren, pueden preparar una clase especial sobre los renos!

La clase que dieron los niños resultó extraordinaria. Tommy habló sobre las costumbres y las características de los renos. Los niños hicieron unas láminas que mostraban las fotografías y los dibujos que habían realizado.

Los padres de los niños también asistieron, y aplaudieron encantados por el trabajo de sus hijos. Apenas acabó la clase, los alumnos de los otros grados fueron hacia donde estaba la directora y le preguntaron:

—Y nosotros, ¿cuándo podremos ir?

Respuesta a la lectura

Resumir

Usa detalles importantes para resumir *Los renos del Ártico*. El organizador gráfico te servirá de ayuda.

Principio
↓
Desarrollo
↓
Final

Evidencia en el texto

1. ¿Cómo sabes que *Los renos del Ártico* es un cuento de ficción? **GÉNERO**

2. ¿Cuál era el propósito del personaje principal, Tommy, en *Los renos del Ártico*? Usa detalles del cuento para tu respuesta. **TRAMA**

3. Usa lo que sabes sobre prefijos para definir *inolvidable*, en la página 13. **PREFIJOS**

4. Escribe sobre lo que hicieron los niños cuando regresaron del paseo. **ESCRIBIR SOBRE LA LECTURA**

Género Texto expositivo

Compara los textos

Lee sobre un animal que se adapta a su hábitat frío.

¿Qué es un lagópodo?

Los lagópodos son parte de la familia de los urogallos.

Un lagópodo es un ave que vive en el Ártico. Tiene el tamaño aproximado de una gallina pequeña.

En el verano, las plumas del lagópodo son de color gris y marrón. El ave se mezcla con la vegetación. El color de las plumas se parece a las sombras en el pasto.

Así es un lagópodo en el verano.

Los lagópodos no migran a lugares más cálidos.

En el invierno, sus plumas son blancas, como la nieve y el hielo. Así, se puede esconder de sus enemigos.

Haz conexiones

¿Cómo se adaptan los lagópodos? **PREGUNTA ESENCIAL**

¿Podría haber visto Tommy un lagópodo en su viaje? ¿Por qué ? **EL TEXTO Y OTROS TEXTOS**

Enfoque: Género

Ficción Un cuento de ficción tiene personajes y sucesos imaginados por el escritor.

Lee y descubre Los personajes de *Los renos del Ártico* fueron inventados por el escritor. La escuela donde estudian y el paseo que hacen fueron creados para contar el cuento.

Tu turno

Escribe un cuento de ficción. Haz un diagrama del cuento para describirlo. Incluye a los personajes, el ambiente y la trama. Deben ser personas, lugares y sucesos imaginarios. Escribe una breve descripción de los personajes principales. Indica qué sucederá al principio, durante el desarrollo y al final. Luego, escribe el cuento y compártelo con la clase.